Fox Activity Book

This book belongs to

____

Please return if found — then go get one for yourself at Amazon.

Kinds of Fox


```
V  N  R  W  B  B  O  P  K  A  Z  H  Z  M  G
B  P  A  P  C  E  L  E  M  U  Z  O  C  M  M
Y  A  R  G  O  G  C  A  P  E  Y  A  Q  J  K
V  B  T  W  R  Y  T  E  N  L  A  R  J  U  Q
M  G  I  E  S  N  N  F  N  F  U  Y  V  U  K
L  N  C  E  A  B  M  K  I  N  O  C  Q  I  F
S  L  I  R  C  R  U  J  F  W  E  R  M  X  L
E  A  E  W  A  D  E  R  S  B  S  F  D  P  B
C  V  P  P  R  B  F  D  V  P  E  D  V  H  T
H  O  Y  M  P  A  D  O  N  A  U  N  S  T  K
U  T  T  M  A  U  D  N  A  L  S  I  G  C  J
R  Z  Y  E  L  P  R  X  T  E  K  O  S  A  U
A  R  W  N  Y  I  C  Q  K  S  P  N  E  W  L
N  B  M  C  D  N  A  S  N  A  T  E  B  I  T
W  H  W  W  O  Z  L  H  F  W  T  F  A  O  U
```

ARTIC	CULPEO	RED
BAT EARED	DARWIN	RUPPELL
BENGAL	FENNEC	SECHURAN
BLANFORD	GRAY	SWIFT
CAPE	HOARY	TIBETAN SAND
CORSAC	ISLAND	
COZUMEL	PALE	
CRAB	PAMPAS	

The hunt

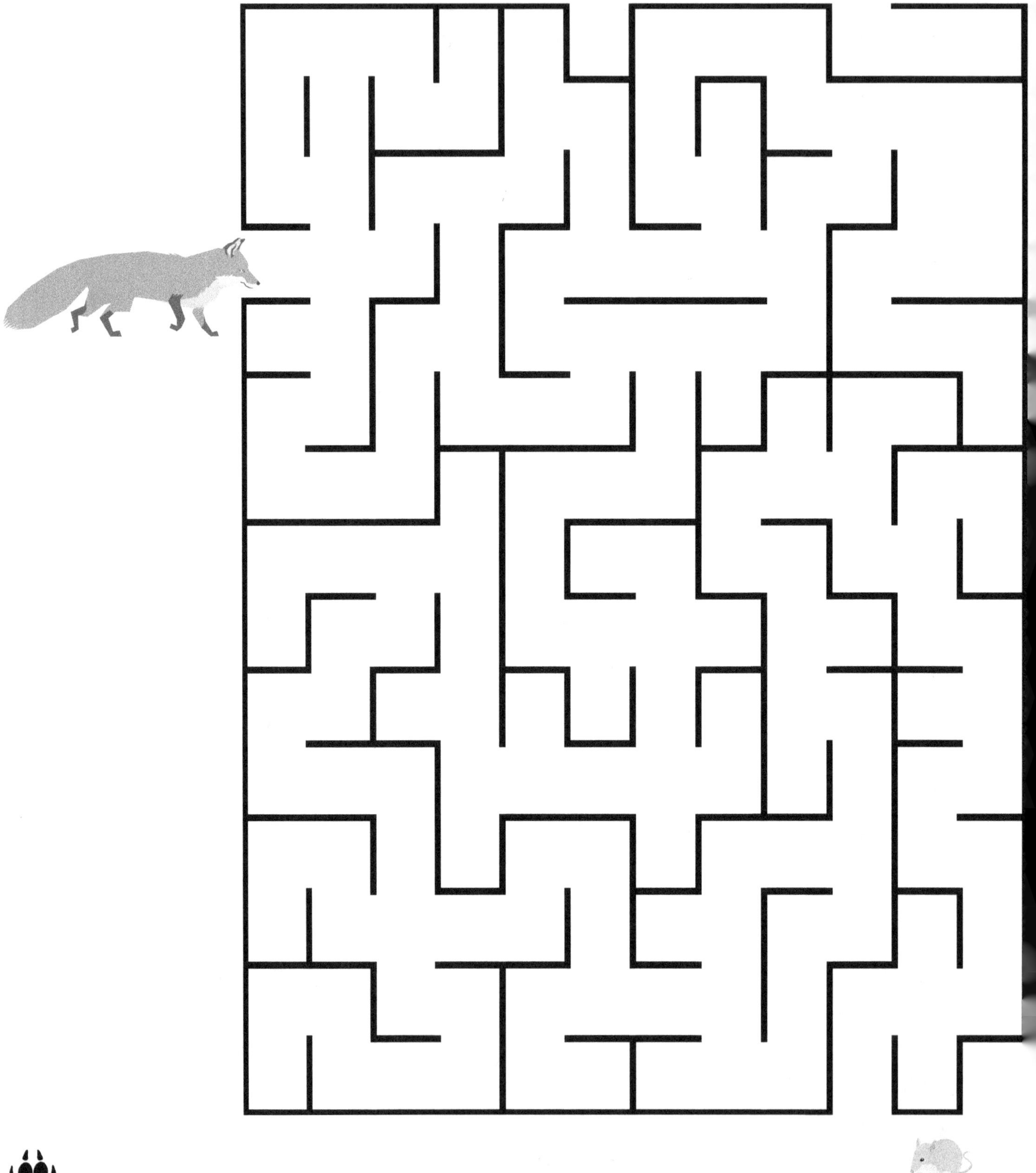

Dot-To-Fox

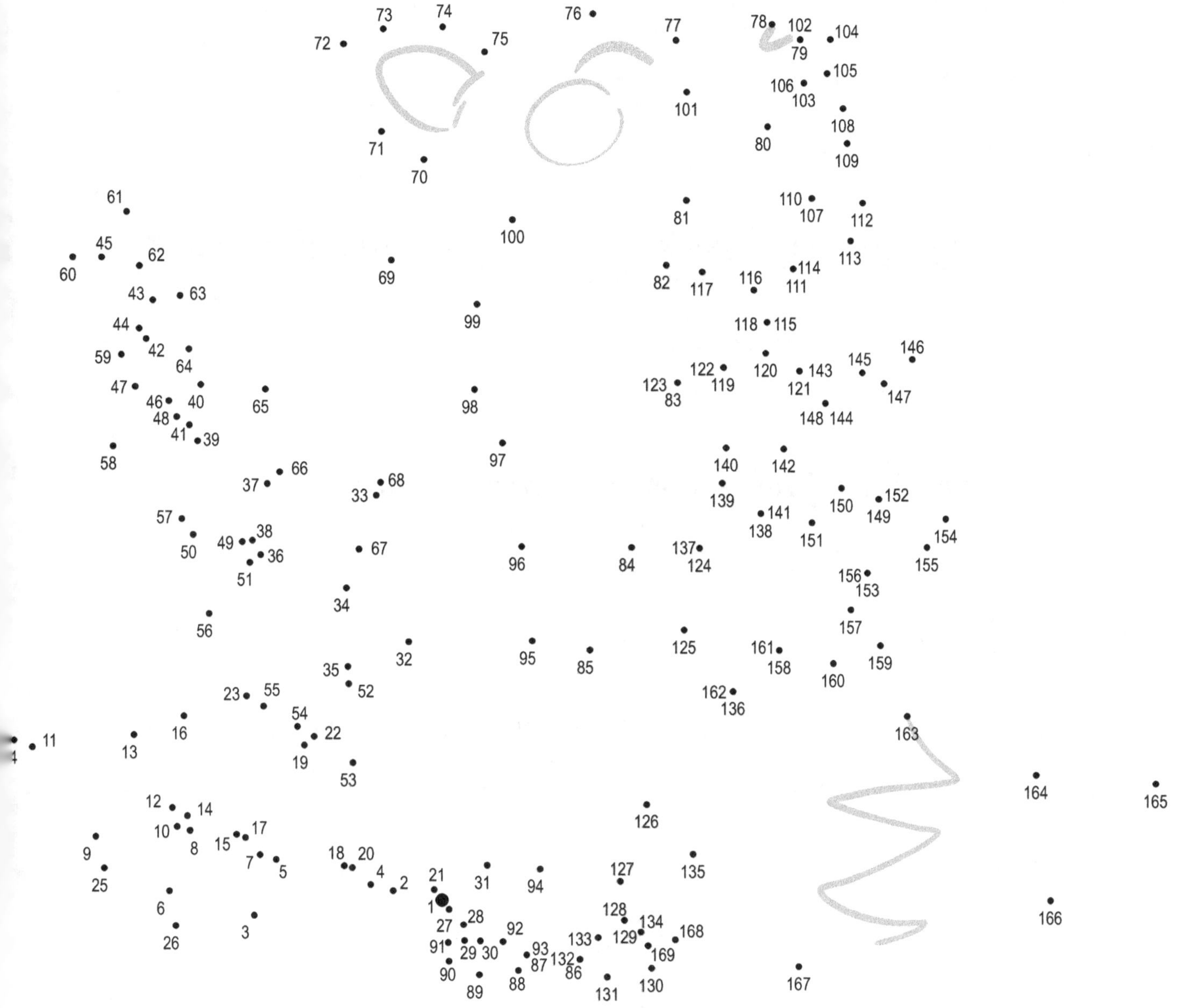

"Everything is made out of magic: leaves and trees,
flowers and birds, badgers and foxes and squirrels and
people. So it must be all around us."
— Frances Hodgson Burnett

Fox Facts

INEYR CMY QHY NBTJ QJSY NI UNV QHCQ CMY CGTY QN MYQMCPQ
QHYAM PTCWR.

_____ ___ ___ ____ *TYPE* __ ___ ____ ___ ____ __ _______ _____ ______

WVBTJ TYE RLJE YDVLE YXPEQOXZ GYXZOXZ WGVK DTGGOTJ EV
DOGUJ.

FOXES ___ ____ _____ ________ _______ ____ _______ __ ______

KNOS ICROW ZNO HTO CJGS HSQO CI UCKW HTZH EZJ EGLBF HNOOW.

____ _____ *ARE* ___ ____ ____ __ ____ ____ ___ _____ ______

CRCQ TMBOS IWXO LWPZ KRAODPS YDPWI MXOA SWB EMDPZS MIF.

____ _____ ____ ____ _______ _____ ____ ___ *MONTHS* ____

X SBJVU JH HJZFC RC TXEEFI X CKVEK XMI EFXCN.

_ _____ __ _____ __ ______ _ *SKULK* ___ ______

ZKN VKYVQ GIHVL BULNVO GIY UOLVTNL.

___ _____ *FOXES* ______ ___ ________

CZMQM UQM CZPQCI AMGMT ABMXPMA DK KDHMA YVC DTWI CRMWGM YMWDTJ CD CZM JMTVA GVWBMA DQ CQVM KDHMA.

_____ ___ ______ _____ _______ __ _____ ___ ____ ______ ______ __ ___ _____ *VULPES* __ ____ ______

FDEXR UYNX CUMRGXQR DA IUXMQ SXHR YAK FYLX CUMLU UXSZ IUXO ID AYNMHYIX.

_____ ____ ________ __ *THEIR* ____ ___ ____ _____ ____ ____ __ _________

LDY ZHRDM IPS LDUHLNDYXG JDPL P OPNIJ NAIQASB ZHLNG GPLYM POPG.

___ _____ ___ __________ ____ _ _____ _______ _____ *YARDS* _____

D BHO JDP EFP DX D ARSST HB DIHFX XYSPXQ XUESS KZLSA RSE UHFE BHE AUHEX RSEZHTA HB XZKS.

_ ___ ___ ___ __ _ _____ __ _____ ______ _____ _____ ___ ____ ___ _____ *PERIODS* __ _____

QCN YWG AWND BWQ MQQMLS WV SXTT CUOMBD.

___ ___ *DOES* ___ ______ __ ____ _______

OIMG KBLMU YVX IMPIVYP PJMAI YQVZU QAHM YVPU DB.

____ _____ ___ ______ *THEIR* _____ ____ ____ ___

Latin Lesson


```
W  J  P  H  K  A  A  C  S  U  P  O  G  A  L
E  A  C  W  S  B  I  R  U  R  O  C  Y  O  N
B  M  A  C  Z  E  B  M  O  L  T  W  S  F  C
Y  A  N  N  A  K  E  N  R  V  P  M  W  A  G
A  M  I  G  I  X  N  F  O  O  I  A  O  U  A
U  M  D  A  L  M  G  O  G  Y  F  N  E  K  U
L  A  A  Z  E  H  A  Z  Y  X  C  I  R  U  L
Z  L  E  H  D  C  L  L  A  C  H  O  N  A  S
X  I  O  D  C  N  E  E  I  D  O  M  T  A  C
P  A  V  S  S  X  N  I  U  A  R  D  L  O  C
I  V  U  L  P  E  S  M  U  S  D  E  R  V  C
M  A  C  R  O  T  I  S  C  S  A  B  Z  E  C
R  G  Q  V  Z  D  S  U  O  H  T  C  J  L  C
S  I  T  O  L  A  G  E  M  C  A  S  R  O  C
Z  I  L  Y  C  A  L  O  P  E  X  J  E  X  M
```

ANIMALIA	CORSAC	THOUS
BENGALENSIS	CULPAEUS	UROCYON
CANIDAE	LAGOPUS	VELOX
CANIFORMIA	LYCALOPEX	VULPES
CARNIVORA	MACROTIS	ZERDA
CERDOCYON	MAMMALIA	
CHAMA	MEGALOTIS	
CHORDATA	OTOCYON	

Dot-To-Dot

LIVE LIKE
A FOX

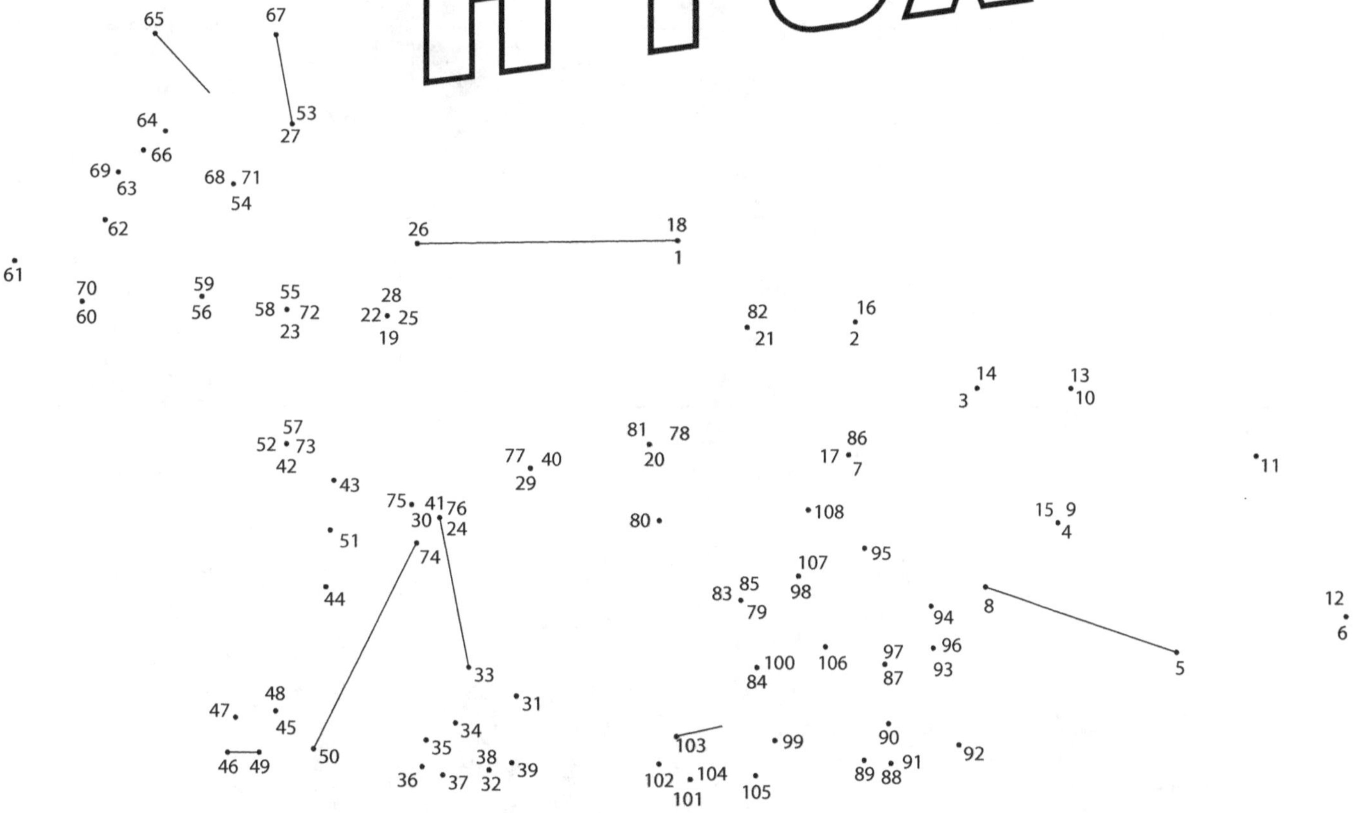

·be clever and·
BE STRATEGIC

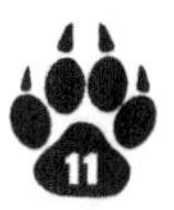

Copy this picture

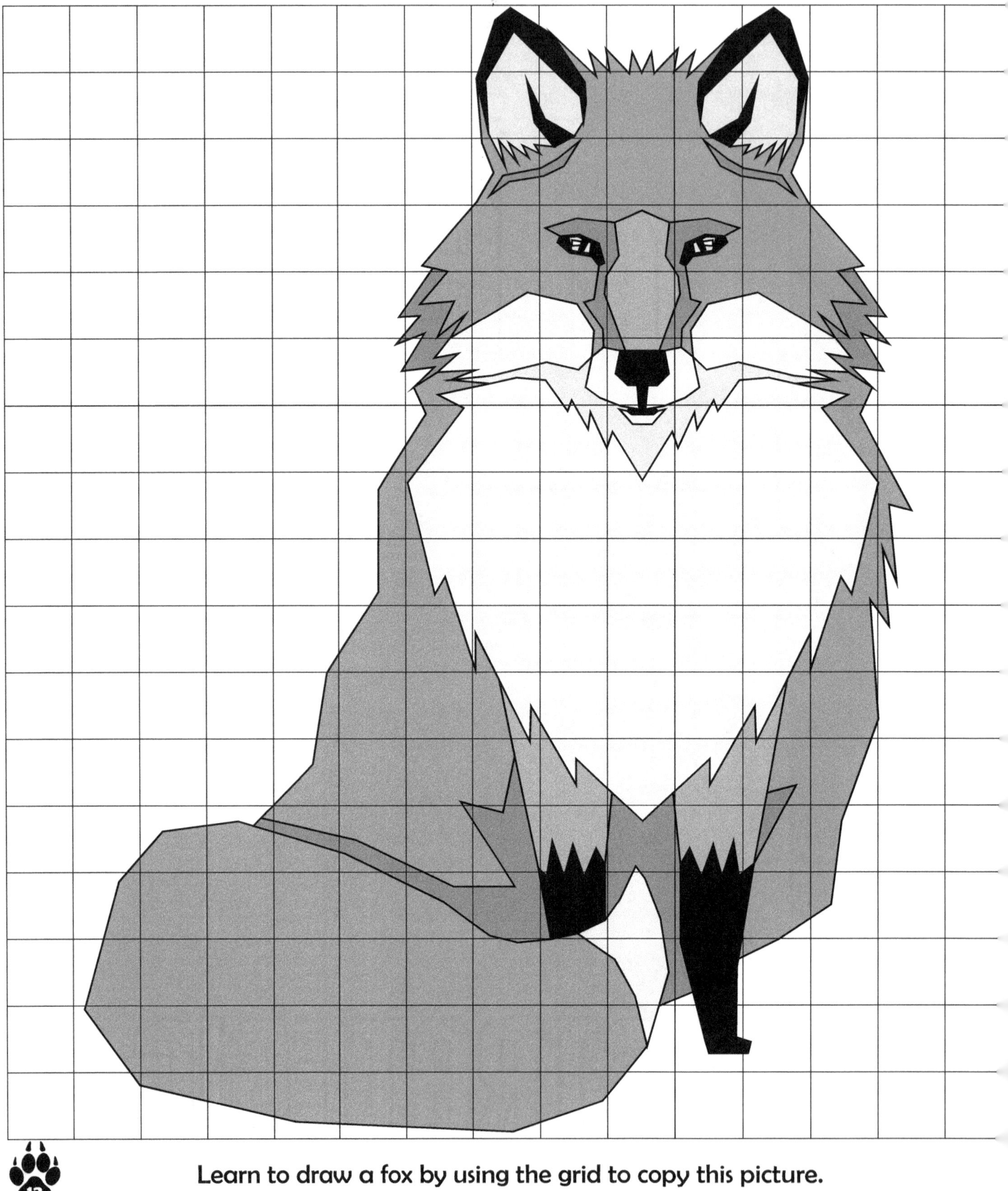

Learn to draw a fox by using the grid to copy this picture.

Copy what you see in the printed image to the
matching grid square on the blank grid.

Tip: Numbering the grid columns and rows can be helpful.

Fox Habitat

```
S  J  N  F  V  E  W  C  D  O  W  H  F  P  P
A  R  R  O  Y  O  S  O  I  Q  A  I  G  S  H
V  B  T  O  Y  I  W  A  D  T  R  R  N  Y  H
A  U  T  T  Q  N  U  B  E  A  C  H  E  S  Y
N  X  T  H  D  N  A  D  E  S  E  R  T  P  V
N  J  M  I  F  S  K  C  N  N  C  M  A  L  A
A  F  B  L  A  Q  D  J  D  A  A  R  M  H  K
H  G  S  L  L  I  H  N  A  S  S  B  U  T  U
N  G  T  S  E  R  O  F  A  L  R  K  R  B  R
A  C  A  I  M  S  N  I  A  L  P  U  M  U  C
G  R  F  B  O  G  D  N  A  L  S  I  K  B  I
C  G  D  M  O  U  N  T  A  I  N  S  Y  F  Q
X  B  K  N  B  Y  N  W  X  W  P  M  A  W  S
M  N  E  K  U  W  O  O  D  L  A  N  D  R  P
R  E  P  P  E  T  S  B  U  R  H  S  Q  Q  G
```

ARCTIC	HILLS	SHRUBSTEPPE
ARROYOS	ISLAND	SWAMP
BEACHES	MEADOW	TUNDRA
CANYON	MOUNTAINS	URBAN
DESERT	PLAINS	WOODLAND
FOOTHILLS	SAND	
FOREST	SAVANNAH	
GRASSLANDS	SCRUB	

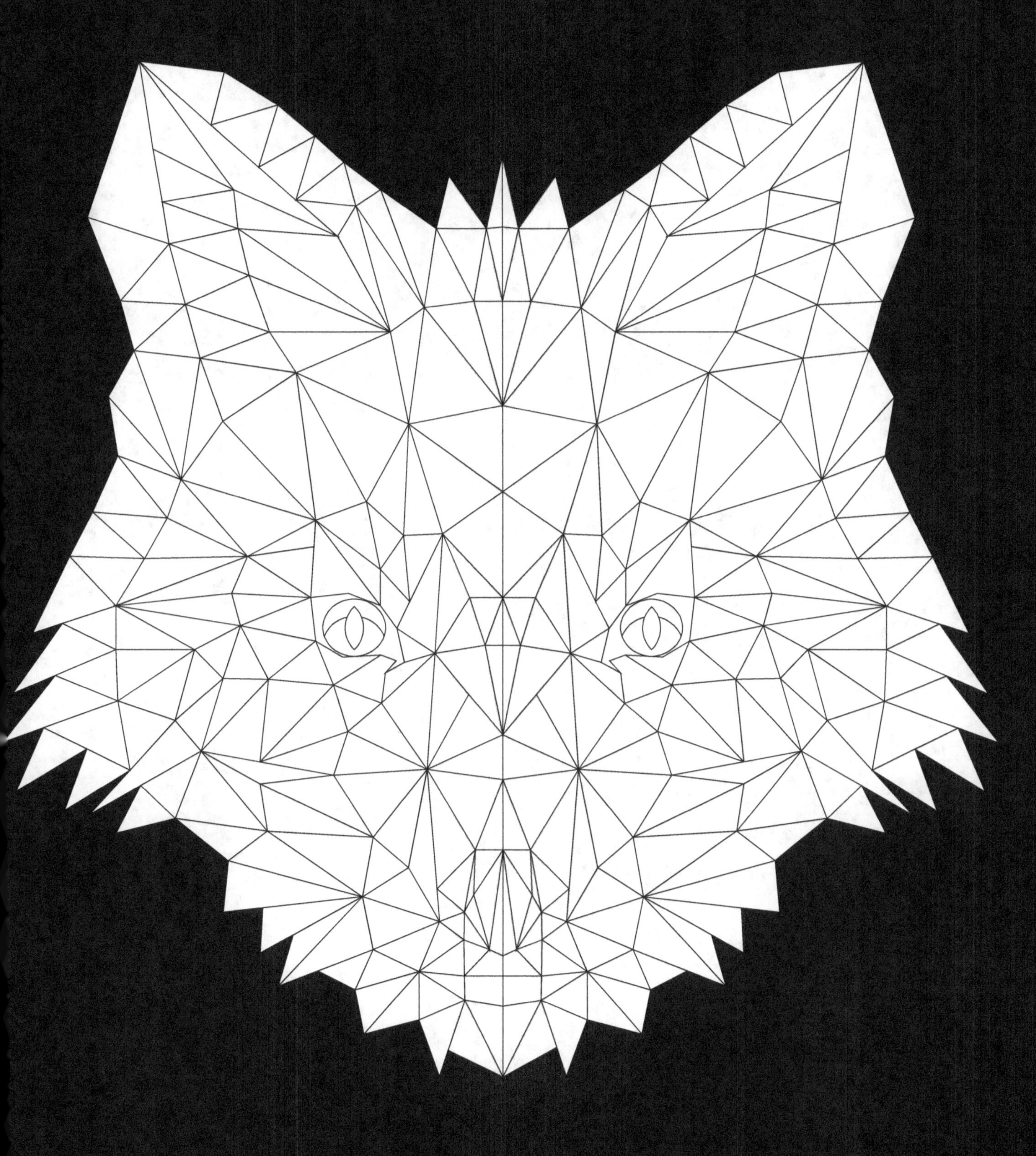

Famous Foxes


```
T  L  C  P  M  R  F  W  S  O  N  I  C  N  T
S  J  V  D  R  A  K  I  T  S  U  N  E  I  W
N  N  F  C  F  M  Y  E  N  J  P  D  M  N  Q
I  R  O  O  O  F  S  X  Q  N  W  C  O  E  D
C  G  E  E  X  E  L  Y  O  F  I  Q  T  T  M
K  V  I  P  T  M  E  S  I  L  E  C  A  A  A
W  U  B  D  I  L  C  V  Z  A  Y  W  K  L  I
I  L  I  I  E  W  O  C  E  R  M  X  R  E  D
L  Y  X  P  Y  O  S  J  L  E  H  S  O  S  M
D  H  F  O  X  A  N  D  H  O  U  N  D  F  A
E  M  R  S  F  O  X  G  Y  N  U  S  C  N  R
E  P  D  O  T  R  M  J  R  E  W  D  S  B  I
V  U  L  P  I  X  E  L  X  E  X  C  P  N  A
X  L  R  E  Y  N  A  R  D  F  Y  I  B  R  N
G  X  D  O  O  H  N  I  B  O  R  O  V  T  Y
```

BRERFOX	JOLTEON	REYNARD
EEVEE	KITSUNE	ROBINHOOD
FINNICK	MAIDMARIAN	SONIC
FLAREON	MRFOX	SWIPER
FOXANDHOUND	MRSFOX	TOD
FOXMCCLOUD	MRTOD	VIXEY
FOXYLOXY	NICKWILDE	VULPIX
GIDEONGREY	NINETALES	

17

Foxy Proverbs

DIRECTIONS

In a cryptogram, a phrase or quote has its letters substituted with other letters. For example, every "a" might be a "t", every "e" might be a "w," and so on.

The letter substitution is consistent through the entire phrase. For example, every "e" would be a "w" throughout. On the other hand, the code changes from puzzle to puzzle and in the next puzzle every "e" might be an "m."

Stuck? Solutions can be found starting on page 33.

___ _____ ___ ____ ____ __ ___ *OWN* ____

COP WELL JGBJU BUD KOF WEBU JPNNENA GNT BUD WOLK WEBU JOPRGAD

YOU ____ _____ ___ ___ ____ _______ ___ ___ ____ ____ _______

GD LGJ GEB CJ YJ LICG MJNDB ZKBC WJJR EMCDV GIB GDQ-VJJBC

__ ___ ___ __ __ ____ _____ ____ *LOOK* _____ ___ ________

SAL MSFOH RNCK CS KYKSWH

___ *FOXES* ____ __ ______

LB FBA UWNN TW UJWCW GCW HBNXWL BE UJW TBAEUGKE GEV YBPWL KE UJW XGNNWF

__ *YOU* ____ __ _____ ___ ____ __ ___ ________ ___ ____ __ ___ ______

NV NX K XVELNA TRRXM VYKV CNXVMWX VR VYM IRS LDMKPY

__ __ _ ______ *GOOSE* ____ ______ __ ___ ___ _____

GH PEQ FPW MHQNDYLGHQY LCN LDGT

__ ___ ___ __________ ___ *TRAP*

V XENFJP PYNAP WNC VPPDQJFS VJU XDOJCFEDQ NC ENBF V KDDCF
PYNAP PYD GDAFC

_ ______ *TWIXT* ___ ________ ___ ________ __ ____ _ _____ *TWIXT* ___ _____

J PKKOUTH PKS UT ZJBMHY IQ KCF OFM IBY J DUTF KCF IQ JOO PKBV

_ _______ ___ __ ______ __ *ONE* ___ ___ _ ____ *ONE* __ ___ ____

VRHOATPRE OVR ABR JYVEA IVTRWKE EOTK ABR IYU OE ABR KYQE
AYYC OIARV BTS

_________ ___ *THE* _____ ______ ____ *THE* ___ __ *THE* ____ ____ _____ ___

FQNZ U AYD VMNUOQNG IUJN OUMN YA WYSM CNNGN

____ _ ___ *PREACHES* ____ ____ __ ____ _____

YNTJ JNE SIAC UTCCAJ ZTCTVE JA WA JNE OAQ UTC

____ *THE* ____ ______ _____ __ __ *THE* ___ ___

Anatomy Lesson


```
H E Q Z F L H O R S R E I D M
P J X G Q K Z Z F U R I E N C
O K M R E K S I H W U A Y N Q
S D J D C L A W Z W W O E O K
Y N X J G D Q N C S T N S S O
W H V N S Q U R K D E S G E T
N E E A A F F U Q L A O E F Q
W C A B D V L I A T E E T H B
W R R H B R E T C M I L H C C
I A D E M P R A F W F B X U T
H I P A V U U F P J T O T P P
M L C U J S Z L M X Z W O Q C
Y Z W X A U H Z E M M O U T H
C N Z Y G N S M L T Y T E N H
Q T Y X Q S K E L E T O N J U
```

ANKLE	FUR	PAW
CHEST	HEAD	SKELETON
CLAW	KNEE	TAIL
EARS	LEG	TEETH
ELBOW	MOUTH	TOES
EYES	MUZZLE	WHISKER
FOOT	NOSE	

Fox Food


```
C  F  A  I  S  L  E  R  R  I  U  Q  S  I  Y
C  T  S  N  O  O  C  A  R  C  F  J  P  Q  M
M  Z  S  S  Z  H  S  I  F  G  A  A  V  A  R
R  B  K  E  F  X  G  D  B  A  K  R  X  I  O
H  U  D  C  B  S  T  A  R  I  I  G  I  Y  D
R  Q  X  T  M  E  T  B  A  I  B  T  E  O  E
O  Z  R  S  B  A  R  C  B  V  B  L  W  L  N
O  T  T  E  R  R  K  R  B  R  B  X  P  K  T
T  N  B  Y  P  E  C  H  I  P  M  U  N  K  S
S  N  E  Z  O  T  H  R  T  E  G  K  K  S  V
Y  E  A  K  S  H  I  P  S  I  S  B  A  V  O
Q  H  M  I  C  E  E  L  O  S  E  G  Q  T  L
S  F  F  J  Y  I  A  I  E  G  V  V  U  H  E
K  B  T  V  H  L  H  L  Z  S  H  E  R  B  S
Z  Y  E  L  H  Q  B  C  S  V  S  R  M  H  N
```

BERRIES	GOPHERS	RODENTS
BIRDS	INSECTS	ROOTS
BUGS	MICE	SEALS
CARION	OTTER	SQUIRRELS
CHICKEN	RABBITS	VOLES
CHIPMUNKS	RACOONS	
CRABS	RATS	
FISH	REPTILES	

Nap Time

Pop Culture

V T M I S C H I E V O U S Y X
V T N V M E S S E N G E R A W
O R V E V W A Y X B X Z Y L S
S I T I G J Z S K Y C N D W K
H C U N N I N G M A L I I V H
A K J T W S L S I D E R C A S
P S K E B I T L I O V N L O X
E T Q L X M L R E E E M S U S
S E U L Z O S Y A T R L U T X
H R Y E B Y X O F T N P I G G
I D Y C W H Q O A S E I B U Y
F T D T K Z Z M F H S G O E G
T J O U T S M A R T C K I S C
E H V A H I T F W R U W U S O
R E G L I E W A R R I O R F T

CHAOS

CLEVER

CUNNING

FOXY

GUILE

INTELLECTUAL

INTELLIGENT

MESSENGER

MISCHIEVOUS

OUTFOX

OUTGUESS

OUTSMART

SACRED

SHAPESHIFTER

SLY

SNEAKY

STRATEGIST

TRICKSTER

WARRIOR

WILY

WITTY

Vocabulary Test

B	Z	P	K	P	Q	W	S	I	W	R	H	A	C	T
B	P	W	H	I	S	K	E	R	S	F	B	X	H	B
Q	P	L	A	Y	F	U	L	A	Q	V	F	W	R	S
O	S	O	E	A	R	S	D	U	C	P	D	H	N	T
X	M	Y	U	J	D	A	W	T	K	V	Y	I	O	A
D	J	A	A	N	Z	O	T	O	N	S	O	T	C	L
R	N	S	G	R	C	Z	G	I	D	E	F	E	T	K
C	Z	E	Z	N	G	I	Q	N	L	A	I	Q	U	I
P	U	P	S	F	E	E	N	J	E	O	H	C	R	N
N	K	R	Y	L	R	T	M	G	J	X	S	S	N	G
A	X	B	I	R	I	U	I	W	G	I	I	S	A	A
D	I	S	E	O	T	T	P	C	G	F	O	V	L	J
O	Q	Y	D	H	U	R	T	R	G	C	T	C	N	K
E	T	M	Q	L	H	S	A	E	L	W	R	T	X	D
G	S	L	I	A	T	K	O	D	R	M	C	H	T	V

ANCIENT	MAGNETIC	SOLITARY
CURIOUS	NOCTURNAL	STALKING
DIG	PLAYFUL	TAILS
DOG	POUNCING	TOES
EARS	PUPS	VIXEN
GRAY	RED	WHISKERS
LEASH	SHADOW	WHITE
LITTER	SKULK	

Fox in a Box

SOLUTION PAGE 30

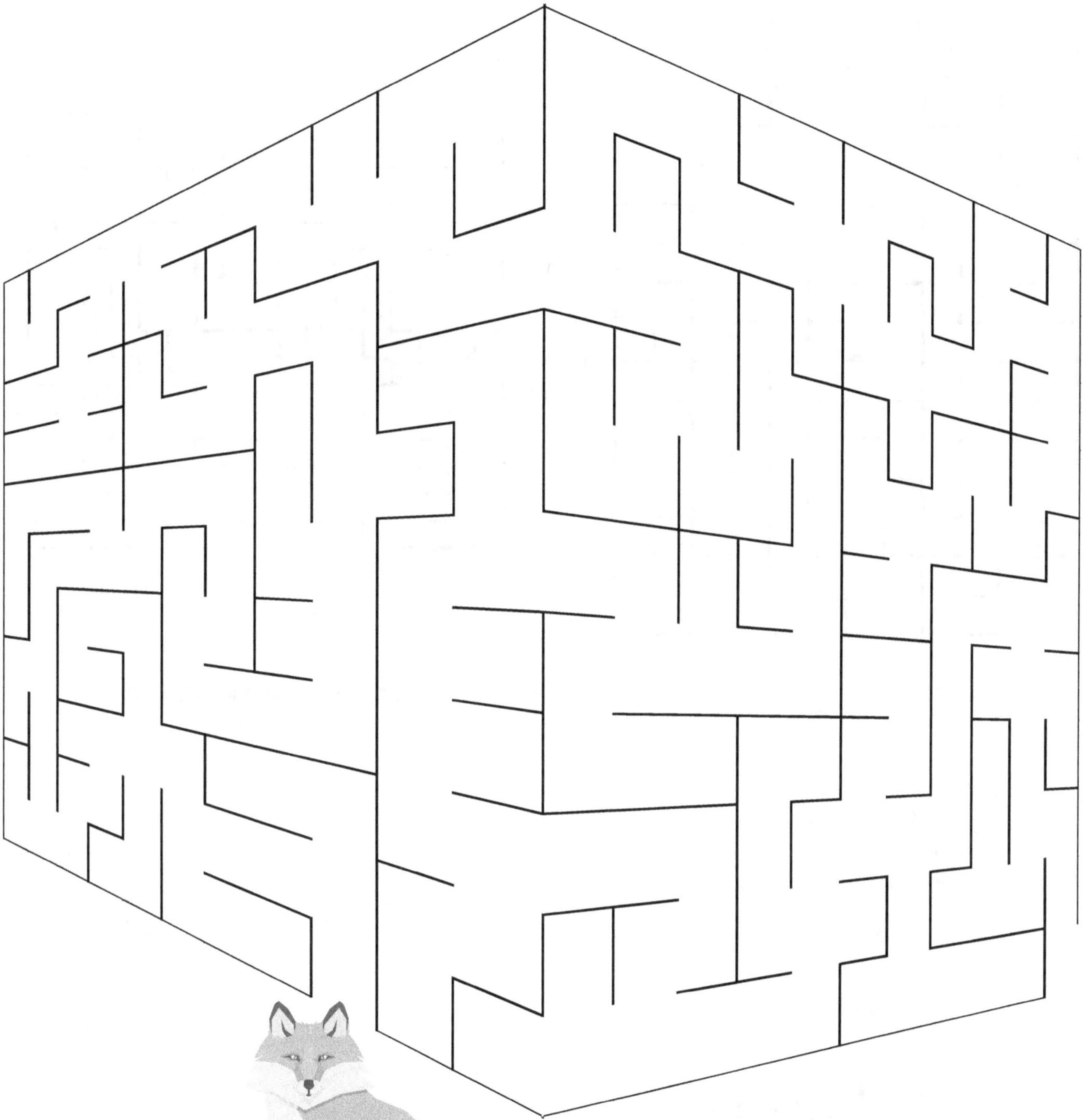

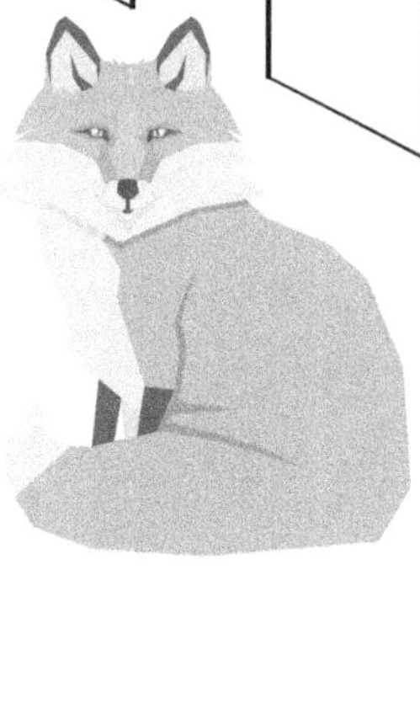

"What the lion cannot
manage to do, the fox can."

– German proverb

Solutions

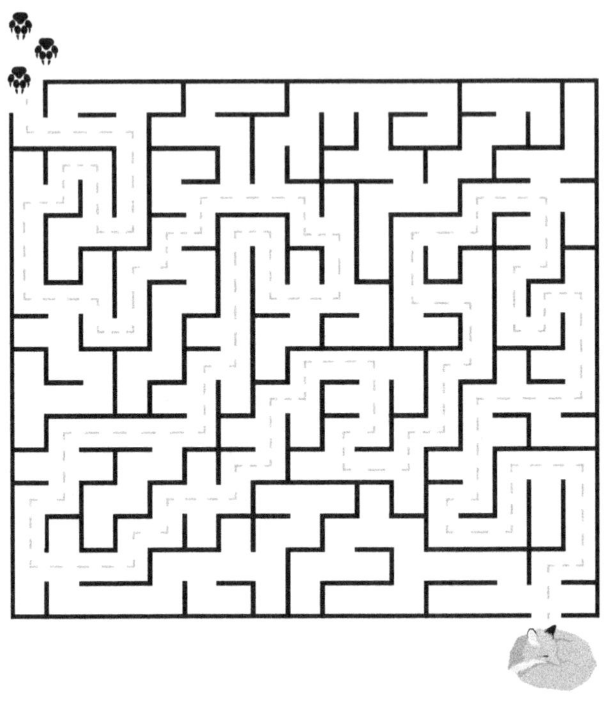

KINDS OF FOX
Puzzle # 1

				B	O					H					
B		A		C		L	E	M	U	Z	O	C			
Y	A	R	G	O		C	A	P	E		A				
		T		R		T	E	N	L		R				
		I	E	S		F	N	F	U	Y					
L	N	C		A			I	N	O	C					
S	L	I	R	C	R			W	E	R					
E	A	E	W	A	D	E	R		B	S	F	D			
C		P	P	R	B		D		P	E					
H				M	P	A				A		N			
U				A	U	D	N	A	L	S	I	G			
R					P	R			E				A		
A														L	
N					D	N	A	S	N	A	T	E	B	I	T

FOX HABITAT
Puzzle # 2

S		N	F			W	C							
A	R	R	O	Y	O	S	O	I						
V			O	Y				D	T					
A			T		N		B	E	A	C	H	E	S	
N			H			A	D	E	S	E	R	T		
N			I		S		C	N	N	C	M	A		
A			L			D			A	A	R			
H		S	L	L	I	H	N			S	B	U		
		T	S	E	R	O	F	A				R	B	
A					S	N	I	A	L	P			U	
	R					D	N	A	L	S	I			
		D	M	O	U	N	T	A	I	N	S			
			N							P	M	A	W	S
			U	W	O	O	D	L	A	N	D	R		
	E	P	P	E	T	S	B	U	R	H	S			G

LATIN LESSON
Puzzle # 3

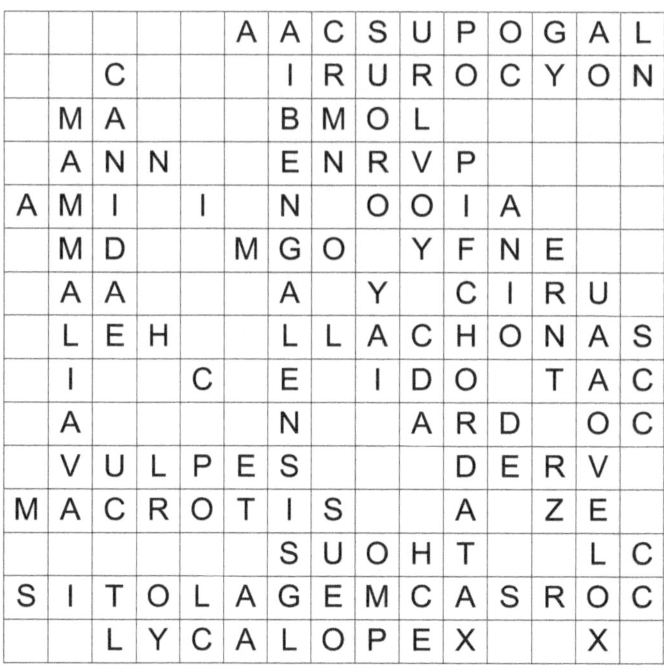

					A	A	C	S	U	P	O	G	A	L
		C				I	R	U	R	O	C	Y	O	N
	M	A				B	M	O	L					
	A	N	N			E	N	R	V	P				
A	M	I		I		N		O	O	I	A			
	M	D			M	G	O		Y		F	N	E	
	A	A			A		Y			C	I	R	U	
	L	E	H		L	L	A	C	H	O	N	A	S	
	I			C		E		I	D	O		T	A	C
	A				N			A	R	D		O	C	
	V	U	L	P	E	S				D	E	R	V	
M	A	C	R	O	T	I	S			A		Z	E	
					S	U	O	H	T			L	C	
S	I	T	O	L	A	G	E	M	C	A	S	R	O	C
	L	Y	C	A	L	O	P	E	X			X		

FAMOUS FOXES
Puzzle # 4

				M		F		S	O	N	I	C	N	
				R		K	I	T	S	U	N	E	I	
N	N	F		F		Y		N				D	N	
C	G	E	E	X	E			O	F	I			T	M
K		I	P	T	M	E			L		C		A	A
W			D	I	L	C	V		A	Y		K	L	I
I				E	W	O	C	E	R		X		E	D
L		X			O	S	J	L	E			O	S	M
D		F	O	X	A	N	D	H	O	U	N	D	F	A
E	M	R	S	F	O	X	G	Y	N	U				R
		D	O	T	R	M			R	E		D		I
V	U	L	P	I	X	E			E	X				A
		R	E	Y	N	A	R	D			Y	I		N
		D	O	O	H	N	I	B	O	R		V		

ANATOMY LESSON
Puzzle # 5

1	2	3	4	5	6	7	8	9	10	11	12	13	14	15
									S		E			
			G					F	U	R		E		
			R	E	K	S	I	H	W		A	Y	N	
				C	L	A	W					E	O	K
							N		S	T		S	S	
								K	D	E	S		E	
									L	A	O	E		
						L	I	A	T	E	E	T	H	
W											L	H		C
	A			M						F	B			
		P			U						O			
						Z					W	O		
							Z			M	O	U	T	H
						L								
					S	K	E	L	E	T	O	N		

FOX FOOD
Puzzle # 6

1	2	3	4	5	6	7	8	9	10	11	12	13	14	15	16
			I	S	L	E	R	R	I	U	Q	S			
		S	N	O	O	C	A	R	C						
			S		H	S	I	F			A				R
			E				D			R					O
			C	B	S	T	A	R				I			D
R			T		E			A	I					O	E
O		R	S	B	A	R	C	B		B					N
O	T	T	E	R			R	B							T
T	N			P	E	C	H	I	P	M	U	N	K	S	S
S		E			T	H		T	E						V
			K	S		I	P	S		S					O
		M	I	C	E		L	O			G				L
					I	A		E	G			U			E
					H	L		S						B	S
						C	S								

POP CULTURE
Puzzle # 7

1	2	3	4	5	6	7	8	9	10	11	12	13	14	15
	T	M	I	S	C	H	I	E	V	O	U	S		
	T	N		M	E	S	S	E	N	G	E	R		
	R		E				Y					Y	L	S
S	I		I	G			K		C					
H	C	U	N	N	I	N	G			A	L			
A	K		T	W	S	L			D	E	R	C	A	S
P	S		E		I	T	L			V	N		O	
E	T		L			L	R	E		E		S	U	
S	E		L			S	Y	A	T	R	L		T	
H	R		E		Y	X	O	F	T	N		I	G	
I		Y	C				O	A		E	I		U	
F			T					F	H		G		E	G
T		O	U	T	S	M	A	R	T	C		I	S	
E			A		I					U			S	
R			L			W	A	R	R	I	O	R		T

VOCABULARY TEST
Puzzle # 8

1	2	3	4	5	6	7	8	9	10	11	12	13	14	15
		W	H	I	S	K	E	R	S					
	P	L	A	Y	F	U	L					W		S
		O	E	A	R	S		U				H	N	T
	M	Y	U		D	A	W	T	K			I	O	A
		A	A	N		O	T	O	N	S		T	C	L
		G	R	C			G	I	D	E		E	T	K
C				N	G	I		N	L	A	I		U	I
P	U	P	S		E		N		E	O	H	C	R	N
		R		L		T		G		X	S	S	N	G
		I			I		I				I		A	A
		S	E	O	T	T			C			V	L	
					U		T	R						
					H	S	A	E	L					
	S	L	I	A	T				D	R				

Foxy Proverbs Solutions

MNA NINZY EUT AODN FOZN UE RVJ UKP AOVM

LET EVERY FOX TAKE CARE OF HIS OWN TAIL

COP WELL JGBJU BUD KOF WEBU JPNNENA GNT BUD WOLK WEBU JOPRGAD

YOU WILL CATCH THE FOX WITH CUNNING AND THE WOLF WITH COURAGE

GD LGJ GEB CJ YJ LICG MJNDB ZKBC WJJR EMCDV GIB GDQ-VJJBC

HE WHO HAS TO DO WITH FOXES MUST LOOK AFTER HIS HEN-ROOST

SAL MSFOH RNCK CS KYKSWH

OLD FOXES WANT NO TUTORS

LB FBA UWNN TW UJWCW GCW HBNXWL BE UJW TBAEUGKE GEV YBPWL KE UJW XGNNWF

SO YOU TELL ME THERE ARE WOLVES ON THE MOUNTAIN AND FOXES IN THE VALLEY

NV NX K XVELNA TRRXM VYKV CNXVMWX VR VYM IRS LDMKPY

IT IS A STUPID GOOSE THAT LISTENS TO THE FOX PREACH

GH PEQ FPW MHQNDYLGHQY LCN LDGT

AN OLD FOX UNDERSTANDS THE TRAP

V XENFJP PYNAP WNC VPPDQJFS VJU XDOJCFEDQ NC ENBF V KDDCF
PYNAP PYD GDAFC

*A CLIENT TWIXT HIS ATTORNEY AND COUNSELOR IS LIKE A GOOSE
TWIXT TWO FOXES*

J PKKOUTH PKS UT ZJBMHY IQ KCF OFM IBY J DUTF KCF IQ JOO PKBV

*A FOOLISH FOX IS CAUGHT BY ONE LEG BUT A WISE ONE BY ALL
FOUR*

VRHOATPRE OVR ABR JYVEA IVTRWKE EOTK ABR IYU OE ABR KYQE
AYYC OIARV BTS

*RELATIVES ARE THE WORST FRIENDS SAID THE FOX AS THE DOGS
TOOK AFTER HIM*

FQNZ U AYD VMNUOQNG IUJN OUMN YA WYSM CNNGN

WHEN A FOX PREACHES TAKE CARE OF YOUR GEESE

YNTJ JNE SIAC UTCCAJ ZTCTVE JA WA JNE OAQ UTC

WHAT THE LION CANNOT MANAGE TO DO THE FOX CAN

Fox Facts Solutions

INEYR CMY QHY NBTJ QJSY NI UNV QHCQ CMY CGTY QN MYQMCPQ
QHYAM PTCWR.

*FOXES ARE THE ONLY TYPE OF DOG THAT ARE ABLE TO RETRACT
THEIR CLAWS.*

WVBTJ TYE RLJE YDVLE YXPEQOXZ GYXZOXZ WGVK DTGGOTJ EV
DOGUJ.

*FOXES EAT JUST ABOUT ANYTHING RANGING FROM BERRIES TO
BIRDS.*

KNOS ICROW ZNO HTO CJGS HSQO CI UCKW HTZH EZJ EGLBF HNOOW.

GREY FOXES ARE THE ONLY TYPE OF DOGS THAT CAN CLIMB TREES.

CRCQ TMBOS IWXO LWPZ KRAODPS YDPWI MXOA SWB EMDPZS MIF.

BABY FOXES LIVE WITH PARENTS UNTIL OVER SIX MONTHS OLD.

X SBJVU JH HJZFC RC TXEEFI X CKVEK XMI EFXCN.

A GROUP OF FOXES IS CALLED A SKULK AND LEASH.

ZKN VKYVQ GIHVL BULNVO GIY UOLVTNL.

BAT EARED FOXES LISTEN FOR INSECTS.

CZMQM UQM CZPQCI AMGMT ABMXPMA DK KDHMA YVC DTWI
CRMWGM YMWDTJ CD CZM JMTVA GVWBMA DQ CQVM KDHMA.

*THERE ARE THIRTY SEVEN SPECIES OF FOXES BUT ONLY TWELVE
BELONG TO THE GENUS VULPES OR TRUE FOXES.*

FDEXR UYNX CUMRGXQR DA IUXMQ SXHR YAK FYLX CUMLU UXSZ
IUXO ID AYNMHYIX.

*FOXES HAVE WHISKERS ON THEIR LEGS AND FACE WHICH HELP
THEM TO NAVIGATE.*

LDY ZHRDM IPS LDUHLNDYXG JDPL P OPNIJ NAIQASB ZHLNG GPLYM
POPG.

*RED FOXES CAN REPORTEDLY HEAR A WATCH TICKING FORTY YARDS
AWAY.*

D BHO JDP EFP DX D ARSST HB DIHFX XYSPXQ XUESS KZLSA RSE
UHFE BHE AUHEX RSEZHTA HB XZKS.

*A FOX CAN RUN AT A SPEED OF ABOUT TWENTY THREE MILES PER
HOUR FOR SHORT PERIODS OF TIME.*

QCN YWG AWND BWQ MQQMLS WV SXTT CUOMBD.

THE FOX DOES NOT ATTACK OR KILL HUMANS.

OIMG KBLMU YVX IMPIVYP PJMAI YQVZU QAHM YVPU DB.

GREY FOXES CAN RETRACT THEIR CLAWS LIKE CATS DO.